太好玩了！

我们的

写作课

在观察中发现奥秘

黄莺 著
何捷 主编

中国致公出版社

主　编　何　捷

副主编　黄　莺

编　委　殷　霞　张红萍　邱雨林

　　　　刘　露　林　威　杨清蓉

太好玩了，我们的写作课

何捷

太好玩了，我们的写作课！

看到这一标题，小伙伴们会认同吗？也许不少小伙伴会皱着眉头直摇头，还认真地询问：写作课，好玩吗？

看起来，之前的写作课，不大好玩。

写作课上，总是写、写、写，一直写，没完没了。

写作课上，老师总是讲、讲、讲，一直讲，什么都交代。千万不要以为这样就是最好的结局，因为讲完就要写，一写就感觉非常枯燥。

其实，我知道小伙伴们最想吐槽的是——老师讲得不错，但是讲了我也不会写。

看来，写作课，确实是让人头疼的课。

而我要和大家分享的是——太好玩了，我们的写作课！

好玩，关键在于小伙伴们用这套书，一起来学习写作。跟着这套书，上一次生动的写作课。

为什么呢？理由有三条：

第1条理由：这本书里，有非常有趣的漫画。我知道小伙伴们喜欢看漫画。大家无法拒绝的是漫画中的"幽默细胞"对自己的"入侵"。而如今，可以一边读漫画，一边在欢笑声中学习写作，当然是绝佳的体验。

看了，你就知道；看了，你就喜欢。你会因为喜欢漫画，慢慢喜欢写作课的。

第2条理由：这套书为你拆解了写作的过程，揭示了写作的秘密。文章到底是怎么写成的？一句一句怎么串联？一段一段怎么组合？在这本书中，你会看得清清楚楚。

就好像"庖丁解牛"，厉害的人，一眼就能看清牛的骨骼；会写作的你，应该一下子就知道从哪里下笔，写起来轻松、畅快。学会这套书里的写作技巧，你就是最棒的"作文大厨"啦。

第3条理由：这套书里，有特别幽默、风趣的文字。创作这套书的老师们都知道小伙伴们怕写作，所以想办法，尽量用生动的语言来表达写作技巧。这样一来，大家在阅读的时候就不会感觉生涩，不会产生烦恼。也许，你会感觉自己一下子变得特别厉害：一读就懂，一懂就能写，一写就喜欢。

这个时候，你会在心里欢呼——

太好玩了，我们的写作课！

但愿这套书，成为小伙伴们打开写作秘密的钥匙，成为走进写作之门的指南针。

记住啦，如果看了后，感觉好玩一定要大声欢呼——

太好玩了，我们的写作课！

扫码获取本书
专属思维导图

不马虎

写作小分队头号侦察兵——不马虎来报到啦！人如其名，我最大的特点就是太马虎，但我也有很多其他的特点，比如勇往直前、不怕困难，还有灵光乍现的小机智！

麦田儿

写作小分队怎么能少得了我呢？我就是上得老师们认可、下得师弟师妹们喜爱的麦田儿！我喜欢读书，遇事冷静，再大的困难我都不怕！快来和我们一起开启这趟写作之旅吧！

壮壮老师

有人说："读万卷书不如行万里路。"但要壮壮老师我来说，书籍和远方可以一起在路上。郁郁葱葱的植物王国、生机勃勃的动物王国、充满爱与想象的童话王国……上天入地，万事万物都是我们的写作源泉！更有我的独门秘籍"作文三招"，你们只管放心去飞吧！

太搞笑的漫画故事！

　　壮壮老师带你走进"作文魔法界"，与麦田儿、不马虎一起行侠仗义，惩恶扬善！

好刺激的创作冒险！

　　跟着壮壮老师一行在旅途中，通过打败魔怪，学会各种写作秘籍。在这里，你将发现写作的密码、表达的快乐！

玩中学的技巧点拨！

　　从习作出发，进行写作思维的发散，提炼出最精练的写作方法。

了不起的写作升级！

　　举一反三的创作技巧，融会贯通的范文运用，让表达更准确，写作更轻松。

推荐一处好地方 / 2
动人心弦，有凭有据

我家的"动物园" / 10
关联想象，百步穿杨

XX 观察日记 / 18
火眼金睛，多维扫描

我和___的一天 / 26
如来神掌，化解危机

生活变奏曲 / 34
拨云瞻日，抽丝剥茧

一场游戏 / 42
活灵活现，具体描写

写一封信 / 50
飞鸽传书，打开心扉

一次惊心动魄的经历 / 58
内外兼修，心理描写

我的乐园 / 66
妙笔生花，心花怒放

我的奇妙发明 / 74
奇思妙想，大胆创新

我的动物朋友 / 82
劈云斩雾，一目了然

写游记 / 90
凌波微步，移步换景

我学会了 XX / 98
神龙摆尾，一波三折

我的自画像 / 106
分身化影，析毫剖厘

新编故事比赛 / 114
推陈出新，生机焕发

在观察中发现奥秘

推荐一处好地方

壮壮老师一行三人来到了"世外桃源"，如此美景却没什么游客欣赏，不马虎和麦田儿心生遗憾，决定用自己的方式宣传一番。

如果让你来帮不马虎完成宣传任务，你会怎么写呢？

找特点，写理由

我一定把刚才看到的美景和经过的茶馆、小吃店写清楚！

这可不是单纯的写景物、写游记，重点是要把推荐的理由写清楚、写充分！

是的，推荐的"推"是要向读者推送信息，"荐"是一种谏言或建议。你的理由写清楚了，有好的宣传效果，才能吸引读者！

我明白啦！就是要先整理出这个地方最特别的几个特点，然后再分别阐述推荐理由。

动人心弦，有凭有据

动人心弦第一招：

开门见山，亮地点

课本里的写作密码

在作文的开头，直接写明要推荐大家去的地方是哪里，按照由大到小的顺序清楚记录地方名称，还可以在开篇直接写出这个地方的总体特点或地位等。

正如课文《桂林山水》的开篇：

人们都说："桂林山水甲天下。"

我知道，"甲"就是最好的意思。文章以人们的话为开头，很有说服力。让我很想继续读下去。

动人心弦第二招：

直截了当，说优点

推荐一处好地方，如何才能把推荐理由写清楚呢？我们可以从下表中的几个方面，直截了当地写出这个地方的优点：

优点	例句
文化遗产	这个地方特别有文化内涵，它是宝贵的物质文化、非物质文化、自然文化遗产
三个好	这个地方特别吸引人，有好吃的、好玩的、好看的
特色活动	这个地方有一些有趣的活动，例如：火把节、冰雕节、兰花展等
……	……

具体的方法是：先写优点，再举例说明。

如福州市鼓楼区的三坊七巷：

三坊七巷不仅是一座"明清建筑博物馆"，这里还会聚了许多名人大家。

近代历史上的五四时期，才女辈出，著名的冰心、林徽因、庐隐就曾在这里生活。

著名海军将领萨镇冰、近代名臣沈葆桢，他们的故居也在三坊七巷。

除此以外，这里还曾居住过宋代的诗人刘涛、陈列，清代的五代进士之家，近代的启蒙思想家严复等。

穿梭其间，你怎能不感慨三坊七巷的人杰地灵呢？

动人心弦第三招：

亲身体验，亲切点

除了写清楚优点以外，还要介绍一下自己游览时的体验与感受。这也就要求我们在选择地点时，应该选择自己熟悉或者去过的地方，这样你写的优点和感受才是真实和具有感染力的，也更容易引发读者的好奇，能够带动读者的推荐才算是成功的推荐。

例如，课文《观潮》中，潮头来时的声音、样子的不断变化，让作者感受到了钱塘江大潮的声势浩大、雄伟壮观。

那条白线很快地向我们移来，逐渐拉长，变粗，横贯江面。再近些，只见白浪翻滚，形成一堵两丈多高的水墙。浪潮越来越近，犹如千万匹白色战马齐头并进，浩浩荡荡地飞奔而来；那声音如同山崩地裂，好像大地都被震得颤动起来。

——节选自赵宗成、朱明元《观潮》

推荐一处好地方

周飞扬

猛追湾在成都的东边，是成都发展的见证者。

相传唐僖宗的时候，有个姓高的大将在成都修河道，修好以后这里的船多得首尾相接，远远看去就像追到一起一样，所以取名为猛追湾。

新中国诞生后，猛追湾建起了纺织厂、纸箱厂等各种大工厂，它们为成都的发展做出了巨大的贡献。这里还有成都最早的游泳池、西南最早的游乐园，现在我们只能在照片上寻找这些曾经的记忆了。如今的猛追湾，河里没有了大船，河岸的树木参天入云，树枝交错，人们坐在树下喝茶聊天，岂不悠闲。

猛追湾还是老成都的"影像库"。在猛追湾的梅花剧社能看到特色的川剧表演，首先上场的是刀马旦，只见舞着长枪的女子随着音乐上了台，长枪在她们手里翻飞，看得大家掌声连连。最有趣的表演是川剧《皮金顶灯》，皮金打了麻将回家被他的妻子惩罚，让他顶着油灯摸爬滚打，他不停地对我们挤眉弄眼，十分滑稽。最精彩的表演要属吐火、变脸了，只见吐火的人拿起油灯，吸一口气吹过去，顿时火光大起，整个剧场都亮了起来。变脸就更精彩了，只见那人用扇子把脸一挡，头一偏，整个脸就变了花色，一会是红脸关羽，一会是黑脸张飞，真是太精彩了。

如果你也觉得不错，那就赶紧来猛追湾看看吧。

我家的"动物园"

···本关告示···

任务 重金求侠打怪兽。

任务地点 众美城。

任务对象 枯槁兽。

任务说明 传闻中美不胜收的"众美城"被一只喜欢呆板僵硬的枯槁兽鸠占鹊巢，快来召唤家人们一起打败它吧！

众美城原本的美景都被"枯槁兽"变成了一派荒凉的景象，传闻中只有能体现人物特点的文字才能让它的咒语失效。大家准备"召唤"出哪些有特点的家人和不马虎一起闯关呢？

发挥想象，以人联物

不就是把家人比作动物吗？我妈的河东狮吼可是远近闻名的，她不就是一头凶猛的母狮吗！

不行！不行！按你这写法，三句话就把一家人介绍完了，难怪不能打败"枯槁兽"呢！

写人要抓住人物特点，特点突出，人物形象才鲜明。可以想想家人给你印象最深的地方是什么，并用具体的事例来凸显你要表达的特点。

我明白了！先写家人都和哪些动物像，然后写为什么和这些动物像。

关联想象，百步穿杨

关联想象第一招：

抓住特点，关联动物

要想把家人写"活"了，首先要抓住人物最显著的特点，再大胆联想与之相似的动物。比如下面这位小朋友就抓住姐姐善于游泳的特点，联想到了自由自在的鱼：

我姐姐游泳技术特别好，在水里就像一条自由自在的鱼。有时候，她会静静地躺在水面上，一动不动，仿佛睡着了似的，你根本不用担心她会沉下去；有时候，她用双手击打水面，飞溅起一圈圈晶莹的浪花；有时候，她一个猛子潜入水底，好长时间都不露出水面，等你提心吊胆地准备呼救时，她就会从七八米远的地方冒出头来冲你"咯咯"笑……真让我这个旱鸭子羡慕！

学到了！我游泳技术也不赖，那我也可以是一条自由自在的鱼……

看你的游泳姿势，大概更接近腿一蹬一蹬的青蛙。

关联想象第二招：

围绕特点，想、看、选

找准人物特点并联想到相关的小动物后,我们可以从兴趣、外貌、脾气、习惯、声音等方面展开写人物和相关小动物的相似之处。

看看下面这位同学是怎样发挥想象,将他的妈妈与绵羊关联起来的:

都是波浪卷

都爱吃素

性格都很温和

我的妈妈像一只既温柔又漂亮的绵羊,她的脾气特别好,从来不对我大吼大叫。不管遇到什么事情,她总是不急不躁,让我这个急性子佩服得五体投地。她那一头浓密的卷发,有时散落,有时扎着漂亮的发带,别提多美了!她虽然年过四十,但身材依然曼妙无比,她总是笑呵呵地对别人说,这是她爱吃素的原因。

关联想象第三招：
增添事例，凸显特点

写人物的文章，只有把富有个性的特点放在具体事例中，才能言之有物。可以用一件典型事例来表现人物特点，也可以用几件事情共同凸显人物的特点。

在课文《盘古开天地》中，作者就用盘古倒下后化身万物的事例，来凸显盘古的无私奉献：

盘古倒下以后，他的身体发生了巨大的变化。他呼出的气息变成了四季的风和飘动的云；他发出的声音化作了隆隆的雷声；他的左眼变成了太阳，照耀大地，他的右眼变成了月亮，给夜晚带来光明；他的四肢和躯干变成了大地的四极和五方的名山；他的血液变成了奔流不息的江河；他的汗毛变成了茂盛的花草树木；他的汗水变成了滋润万物的雨露……

伟大的巨人盘古，用他的整个身体创造了美丽的世界。

用了这样的事例，更能凸显盘古无私奉献的精神了！

麦田儿，你能体会出其中的精神，进步不少啊！之后也可以将这种精神运用到生活之中。

我家的"动物园"

宁昭龙

大家好，其实我是一只"金丝猴"。因为我很乐观，但会偶尔小调皮。幼儿园旁边有一块很大的草坪，草坪上有各种花草树木，还有一些石头堆成的假山。我经常和幼儿园的小伙伴们在那儿玩，捉迷藏、爬假山……他们一个个都爬不上去，而我可以很灵活地爬上爬下。小伙伴们都说我是一只很敏捷的猴子。

我的奶奶其实是一只"大母鸡"。她平时忙忙碌碌，家里的家务都归她管。每天早上她都会喋喋不休地说："快点吃早饭，不然出去可跑不动！"晚上吃饭时，她又唠叨："吃快点！饭都冷了！吃点菜！"说得我耳朵都要生茧子了，但我明白这是奶奶负责任。

我的爸爸是一头威风的"大狮子"。他的头发像狮子的鬃毛，和狮子一样，有一双威严的大眼睛。爸爸的性格也和狮子一样，因为他发起火来很凶。爸爸同狮子王木法沙一样有智慧，我有不会的题都会来问爸爸。

妈妈是我们家的"小绵羊"。大多数时候，她是温柔的。但当妈妈发火时，她就变成了凶猛的"大老虎"，这时的妈妈可怕极了，就连我爸爸这头"大狮子"也要退让一步。这时，我会希望"大老虎"妈妈赶紧消失，再变回"小绵羊"妈妈。

"金丝猴"儿子、"大母鸡"奶奶、"大狮子"爸爸和"小绵羊"妈妈一起构成了快乐的"动物园"！欢迎你来参观哟。

本关告示

任务 修炼"火眼金睛"。

任务地点 森林王国。

任务对象 森林王国迷障石墙。

任务说明 成功修炼"火眼金睛",破除写作迷障,找到出路。

壮壮老师一行三人走进了一片原始森林,这里迷雾重重,他们在里面绕了很久都没有发现出去的路。

快写一篇观察日记,用自己的"火眼金睛"帮助他们破除森林迷障吧!

观察对象，记录变化

观察我会的呀！我发现含羞草会动，百合的花很漂亮，牵牛花还有紫色的……这些都是我观察过的有趣现象。

可以呀，这么多有趣的现象都被你发现了，观察得真细致！

可是，孩子们，不管观察什么，重要的是针对观察对象的特征发现变化。

老师，你可别卖关子了，赶紧传招给我们破除森林迷障吧！

火眼金睛，多维扫描

火眼金睛第一招：
多维扫描对象

　　观察日记的对象几乎没有限制，从种子发芽到月亮变化，从动物习性到人物表情……在选择之前，你要考虑到，需要观察什么？观察哪些方面？自己能否在观察中发现它们的变化？

　　确定对象后，针对这个对象制定一个时间表，这个时间大部分情况下是固定的，也要有几个不一样的随机时间点，才能发现变化的过程。

　　切记，观察对象不同，时间点的选取也不一样。

　　接下来，就请你如实记录每日观察，完成下面的记录表。

观察记录表		
观察对象	时间点	我的发现
	第一天（　　　）	

火眼金睛第二招：

观察不仅要留心事物的变化，还要能细致地观察出这些变化。这需要我们进行多维度扫描，要抓住特点和变化，从不同的角度进行观察和记录。

观察景物，可以从观察顺序、变换角度、色彩、形态等方面入手；

观察动物，可以从五官、动作、习性、爱好等方面入手；

观察植物，可以从颜色、形状、大小、动态等方面入手……

课文《爬山虎的脚》就给我们做了很好的示范：

爬山虎刚长出来的叶子是嫩红的，不几天叶子长大，就变成嫩绿的。爬山虎的嫩叶，不大引人注意，引人注意的是长大了的叶子。那些叶子绿得那么新鲜，看着非常舒服。叶尖一顺儿朝下，在墙上铺得那么均匀，没有重叠起来的，也不留一点儿空隙。一阵风拂过，一墙的叶子就漾起波纹，好看得很。

——节选自叶圣陶《爬山虎的脚》

麦田儿，你从《爬山虎的脚》这段文字中发现了什么观察的好方法？

叶圣陶爷爷观察得好仔细呀！从颜色、大小、姿态、变化各个角度来观察，就能写得具体又细致了。

火眼金睛第三招：

多时期扫描心情

在观察的不同阶段，自己的心情是不一样的。

当你看到豆芽冲破衣裳钻出来时，内心一定非常震撼！当你发现蚕宝宝的丝一点点包裹住自己时，是不是有些担心呢？

不同时期的自己，观察同一样事物时，心情也不尽相同。以前你碰到含羞草，它突然闭合，可能吓你一跳；当你对它有所了解后，再去碰它，内心又抱着一种验证的心态……

因此，观察时，需要关注这类情感的变化。

绿豆宝宝全身绿绿的，只有"肚脐眼"是白色，有股草香味儿。几颗放在碗里摇，会发出"噼里啪啦"的响声，摸起来跟石头一样硬，我心里不由自主地冒出一个大大的问号：这样坚硬的绿豆，是怎么长出豆芽的呢？我一边想着一边把绿豆泡在透明杯子里，开始静静地等待。

经过几小时的漫长浸泡，绿豆宝宝有的喝足了水，肚皮鼓鼓的，像吃了增肥剂一样。那么小颗绿豆，竟然可以变这么大，真是太神奇了！

怎么都很难把嫩嫩的豆芽与这颗坚硬的绿豆联系在一起，生物可真是神奇！

青椒观察日记四则

沈欣怡

4月1日　晴

为了更加方便地观察植物，妈妈带我去花卉市场买了一袋青椒种子。种子是圆形的，颜色是米黄色的，外壳十分坚硬。我把种子带回家，种进了一个小花盆里，希望小小的种子有大大的收获。

4月8日　阴

青椒种子发芽了，长出了两三片小小的青椒叶，小小的叶子通体绿得发亮，两端尖，中间粗，几道清晰的纹路把叶子分成了许多均匀的小格子。望着这象征着希望的绿色，我的心里充满了憧憬。

4月15日　多云

青椒苗长高了6厘米呢！原本碧绿的叶子变成了草绿色，原本只有指甲这么大的叶子变成了两根指头那么粗、那么长的叶子了。你可要快快结出青椒哟！

5月1日　多云转阴

咦？这里有了一个小青椒，它有两根手指粗，一根手指长。花朵被青椒绷裂了落到青椒中间，像一个小女孩穿着一条小裙子。

这下我可以吃到美味的青椒啦，但要等它完全成熟之后。

我和____的一天

···本关告示···

任务 特招一名行程规划师。

任务地点 广寒宫。

任务对象 广寒宫宫主嫦娥。

任务说明 为嫦娥规划中秋节行程，得到嫦娥的认可即可过关。

招聘启事

临近中秋，师徒三人路过广寒宫，看见广寒宫发布了一则招聘启事。为了得到与广寒宫宫主嫦娥共度一天的宝贵机会，三人正绞尽脑汁写着行程规划。

写故事，得精彩

让嫦娥吃好吃的、喝好喝的、玩好玩的……这还不够精彩吗？

不马虎，可是这些事看着有趣，却没有什么意义啊。

想想我们学过的神话和童话中的人物，盘古开天地，是为了让宇宙不再黑暗；女娲补天，是为了人类不再受苦……所以，规划行程不难，难在要神奇、精彩。

这可不容易！但我觉得，如果和他们一起解决生活中的难题，也很有意义呀。

如来神掌，化解危机

如来神掌第一招：

创编故事，找到出其不意的困难

好的故事，要有曲折离奇的情节才能引人入胜。而要写出曲折离奇的情节，就必须设置出其不意的困难。

以《女娲补天》为例，女娲在补天之前，遇到的困难是出其不意的，也是前所未有的，只有这样才能突出女娲勇敢顽强、甘于奉献的精神。

自从女娲造了人，大地上到处是欢歌笑语，人们一直过着快乐幸福的生活。不知过了多少年，一天夜里，女娲突然被一阵轰隆隆的巨大响声震醒了，她急忙起来，跑到外面一看，天哪，太可怕了！远远的天空塌下一大块，露出一个黑黑的大窟窿！地被震裂了，出现了一道道深沟。山冈上燃烧着熊熊大火，田野里到处是洪水。许多人被火围困在山顶上，还有许多人在水里挣扎。

师父，这段对灾难的描写，好像能体会到女娲补天所面临的困难了。

是呀，作者细致地从天、地、洪水等方面写出了灾难的恐怖，让读者仿佛身临其境。困难有多大，故事就有多精彩。

如来神掌第二招：

分析性格，选择恰如其分的人物

设置了困难之后，我们要找到恰当的神话或童话人物去解决困难。首先我们要了解一些神话或童话人物的基本性格特点：孙悟空，本领高强、爱憎分明；白雪公主，美丽纯洁、温柔善良；精卫，执着坚忍、矢志不渝……根据人物的性格来写，故事既有趣，又合情合理。

过马路的时候，我突然看见一位盲人老爷爷正从马路对面走过来，可是此时红灯亮了，路的另一边一辆卡车飞驰而来，马上就要撞到老爷爷了。"这可怎么办呀？"我大声喊着，这时孙悟空大喊一声："让开，看我的！"只见悟空手一指，使出了定身术，"嘎吱"一声，飞驰而来的汽车居然停了下来，纹丝不动。

如来神掌第三招：
解决困难，运用神乎其神的力量

夸父　　　　哪吒　　　　白雪公主

> 我才是世界第一跑男！

> 我一个赛三个！

> 我才不是"傻白甜"！

　　有了困难，还要去解决困难。既然是神话和童话人物，他们就应该有神奇的力量。比如夸父是巨人，日行千里；哪吒拥有三头六臂，神力无边；希腊神话里的赫拉克勒斯，力大无穷……运用这些人物独有的神力去解决困难，不就既神奇，又精彩吗？

　　突然空中刮起了狂风，那风打着巨大的旋，一条黑龙从天而降，只见它的身体绵延起伏如山峦，全身覆盖着乌黑发亮的鳞片，两只眼睛像两盏灯泡，泛着绿光，在昏暗的环境里，散发着诡异的光芒，眼看着黑龙朝我扑来，我两腿发软，瑟瑟发抖，而杨戬以迅雷不及掩耳之势冲上去，只见他纵身一跃，举起三尖两刃刀，朝黑龙猛地刺去，而黑龙也不甘示弱，巨大的尾巴一下子甩过去，把杨戬重重地甩在地上。就在这时，杨戬向我一点，把我变成了一只蜜蜂。看着杨戬的眼神，我立刻明白了，那两只巨大的眼睛，正是黑龙的软肋，我迅速朝黑龙飞去，用针不断地猛刺黑龙的眼睛，黑龙在空中乱飞乱撞，杨戬趁机用三尖两刃刀直刺它的喉咙，黑龙"啪"一声倒下，不再动弹。

我和赫尔墨斯的一天

刘谨怡

晚上，我正在看爸爸打游戏，突然有一个金发碧眼，脚穿插翼鞋，头戴翼帽，手拿双蛇杖的人从他的手机里跳了出来！"是竞技比赛的庇护神赫尔墨斯！"我激动得叫了起来，他立马捂住我的嘴，一把抓住我向屋外跑去。

赫尔墨斯开口道："是的，我就是运动之神！你现在可以向我许一个愿望！"

我高兴得大叫："明天中午有一场篮球比赛，我想请你跟我一起去打篮球赛！"他同意了。

第二天，班主任宣布："我们班来了一位希腊的小朋友'小赫'，今天的篮球赛他也会一起参加！"

这不就是赫尔墨斯吗？我明白了……

上半局比赛开始，因为场地湿滑，我一上来就摔了个屁股蹲儿，二班的队长趁机投进了一个球。这下我们队乱作一团，18比0惨败。

下半场"小赫"上场。比赛开场，球落到二班队长的手上，他拍着球向我方的篮筐跑去。突然赫尔墨斯如闪电一般把球抢了过来，他的鞋上长出双翼，腾空而起，直奔对方的篮筐！2比18！后来，比分逐渐追上：4比18、10比18……我们赢得了最后的胜利！

第二天，我给"小赫"带了个礼物，结果老师说："小赫回国了。"只有我知道，这其实是一个秘密！

生活变奏曲

任务 寻找小猫行踪。

任务地点 毛线城城门口。

任务对象 见过小猫行踪的居民。

任务说明 毛线城城门被一只小猫叼着毛线绕着跑给堵住了，需要找到小猫，解开毛线才能顺利出城。

　　师徒三人在毛线城游玩一番后正准备离开时，发现城门紧闭，上面全是缠绕的毛线。据说毛线的起因是一只顽皮的小猫，且不能用外力打开，你做好准备和不马虎一起抽丝剥茧、寻踪觅迹了吗？

理清思路再开始

这一关看似复杂，其实只要我们细细辨别，就能找出唯一的路径来！

 这还不简单，我左手一根线，右手也来一根，双线齐下，嘿嘿！

 行了！不马虎，不是每条线都是正确的，你稀里糊涂就开始，只能是浪费时间！

是的，要理清顺序，才能让你的行动事半功倍！

拨云瞻日第一招：

剖析事件，按顺序，写清楚

　　叙述一件事情，大多数情况下离不开时间、地点、人物，事情的起因、经过、结果，这些是记叙文的"六要素"。一般情况下，写一件事的主要部分，可以按事情起因、经过、结果的顺序写，也可以按照事情发展的时间顺序写。

　　以"有趣的旱冰之旅"为例，大家可以运用下面的构思图，帮助自己梳理事件过程。

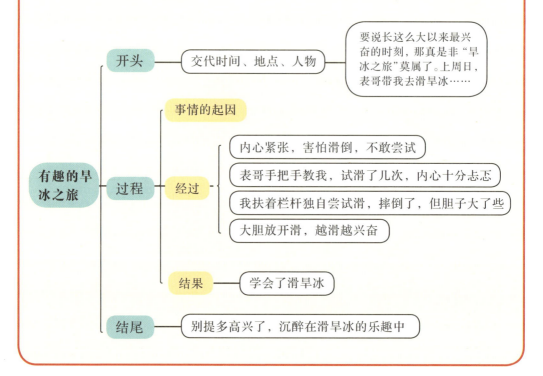

拨云瞻日第二招：

抽出细节，细描绘，写具体

　　记叙事情除了讲清楚事情的来龙去脉，更重要的是讲清楚事情的重要部分。在事情经过的重要地方，我们可以停下来，使用"慢镜头"的方式，细化动作、语言、神态等各种描写，将人物怎么想、怎么说、怎么做的细节——展开，故事就具体了，细节就丰满了，内容就生动了。

　　课文《麻雀》为我们做了很好的示范：

　　老麻雀用自己的身躯掩护着小麻雀，想拯救自己的幼儿。它准备着一场搏斗，可是因为紧张，它浑身发抖，发出嘶哑的声音。在它看来，猎狗是个多么庞大的怪物啊！可是它不能安然地站在高高的没有危险的树枝上，一种强大的力量使它飞了下来。……

——节选自屠格涅夫《麻雀》

在庞大的猎狗面前，为了救自己的幼儿。老麻雀奋不顾身的坚持，写得真感人啊！

你看，这段话写出了老麻雀的动作、声音，以及想法。运用各种描写就把它既害怕又勇敢的样子写得十分清楚了。

拨云瞻日第三招：

细致入微，慢镜头，拆分写

我们还可以向动画片学习：动画师制作动画时先将人物的动作、表情分解画成许多瞬间画面，再连续播放出来，就变成了动画。

下面看看这段文字记录的运动员练习跳马前助跑时的情景：

Action！

立定后，她抬头、挺胸、收腹、翘臀，双臂和双腿都绷得笔直。远远看去，她整个身体都在收紧，紧成窄窄的一条，而且还那么薄，薄成一张纸片儿，却是积蓄了无穷力量的纸片儿。她左脚虚垫一步，身子往前一倾，跑了起来。

"助跑"不过短短一两秒的时间。作者将"助跑"这个瞬间的动作分解成了"抬头、挺胸、收腹、翘臀、绷直、虚垫一步、身子前倾、跑"一系列慢动作，画面就鲜活起来了。

踢毽子

白雨绅

今天上课，麦田老师从包里拿出一个毽子，得意地说："想当年，我可是踢毽子的一流高手！你们信不信？"话音刚落，同学们都连连摇头："不信！不信！"

"耳听为虚，眼见为实，今天就让你们见识见识！"说完，麦田老师把大衣扔在一旁，撸了撸袖子，准备开始。她拿起毽子，走到教室中间，用手轻轻地掂了掂，像是和毽子打招呼。毽子也像个听话的孩子，乖巧地停在麦田老师手上。

紧接着，麦田老师嘴角微微上扬，头一抬，猛地把羽毛毽向上一抛。毽子凌空飞起，在空中转了一个圈，又俯冲下去。就在它要掉下来的一刹那，麦田老师一弓身子，右脚抬起，"啪"的一声踢中了毽子。就这样，羽毛毽在麦田老师身边一上一下飞舞着，看得我眼花缭乱。

就在我沉浸在这场如舞蹈一般的表演中时，毽子突然改变了轨迹，向麦田老师的肚子发起了进攻。麦田老师一惊，猛地后退了几步，用力一踢，毽子是踢到了，但是麦田老师的鞋却飞了出去，在空中来了一个三百六十度大旋转。转呀转，终于，"啪"的一声，鞋子打在了另一个老师头上。

"哈哈哈……"我们全都笑得趴桌子上了。麦田老师脸红红的，像个大西红柿，也傻笑着看着我们。笑声传出很远很远……

一场游戏

···本关告示···

任务 写游戏。

任务地点 花香城。

任务对象 等待被唤醒魔力的神笔。

任务说明 写一篇关于做游戏的生动有趣的作文，用精彩的场面描写唤醒神笔的魔力，召唤出空白画卷的神龙，恢复花香城的生机。

　　师徒三人"过五关，斩六将"，正准备前往远近闻名的"花香城"歇息一下，不马虎和麦田儿已经开始愉快地构思可以玩的游戏啦，快拿上你的笔和纸，和他们一起去花香城玩吧！

就要到花香城啦，听说那里可是花团锦簇、莺歌燕舞的人间仙境！

怎么会有一座冰山啊？这可怎么办呢？

这山也太高了，恐怕我们是没有眼福赏花了！

要是爬上去，我非得冻成冰人儿不可！

唤醒神笔的魔力，就可以重现花香城冰封下的真容了！

大侠莫急，只有最精彩的游戏描写才能唤醒神笔的魔力，届时会有神龙助你们融化冰山。

师父，这哪是画呀，明明是一张白纸。

43

写游戏，不仅仅是好玩

玩游戏可是我的强项，这次你们谁也别想超越我！我准备写我坐在软乎乎的沙发垫上打电脑游戏了！

一个人沉浸在虚拟世界里多没意思，好玩的游戏那么多，你这也太无聊了！

其他的我也行，比如说"拍纸牌"，我就是个中高手！

这个我也玩过，但你得先跟大家说清楚游戏规则，再重点叙述一下玩的过程，最后还要谈谈玩游戏的心情和感受。

不马虎这个选材很不错，题目也很吸引人。但记事类的文章，条理一定得清晰，不马虎你得多向麦田儿学习啊！

活灵活现，具体描写

活灵活现第一招：

勾勒轮廓，条理清晰

写好记事文章的关键在于把话说清楚，不能下笔千言，离题万里。那怎样才能把事情写清楚呢？可以参考下面列好的习作提纲：

游戏名称：					
游戏前	准备工作				
	心理活动				
游戏中	步骤	动作	语言	神态	心情
游戏后	想法和感受				

活灵活现第二招：

精雕细刻，生动有趣

如何才能写清楚游戏过程呢？这就要运用细节描写的方法，特别是要重点描写玩游戏的动作和表情。

比如下面这位小朋友就通过描写老师踢毽子的一系列动作和神态，将游戏的过程写得活灵活现：

老师食指、中指**一翘**，**夹住**一根羽毛，轻轻**一提**，毽子就滑落到了右手掌心。突然，她的手往上一扔，毽子好像一只矫健的雏鹰，直冲云霄，在空中转过一道弯，又轻盈地坠落下来。只见老师**眉头一皱**，**双膝一弯**，**左脚一蹬**，**右脚一抬**，"啪"的一声踢到了毽子，羽毛毽随即又飞了出去。

活灵活现第三招：

穿插心情，画龙点睛

心情的变化贯穿游戏的始终。游戏开始时，兴奋、期待；游戏过程中，紧张、快乐；游戏成功，欣喜若狂，游戏失败，垂头丧气……写游戏时，把心情穿插进游戏的整个过程中，写出心情的起伏会更精彩。

我们一起来回顾一下课文中表达心情的精彩描写。

在课文《牛和鹅》一文中，作者通过描写初见鹅时害怕得贴着墙壁悄悄走，到被鹅发现后惊恐地逃跑，再到被鹅咬住时大声哭喊呼救，把自己的狼狈和惊慌失措描写得生动形象。

再比如课文《一只窝囊的大老虎》中，作者通过描写"我"在扮演大老虎过程中的心情变化：期待表演、担心紧张、充分自信、窝囊上台、丧气不解，让读者像看动画片一样身临其境，产生强烈的情感共鸣。

哇！跟着师父再次研读这些课文，才发现课文就是最好的例文！

将心情穿插进整个事情的过程中，心情不仅可以直接写出来，还可以通过动作、表情表现出来呢！

48

一指神功

赵浩丞

一上课，黄老师便举起右手，伸出食指指向我们："我这根手指能施展'一指神功'，你们信不信？""不信！"大家七嘴八舌地喊了起来。

正当我们疑惑不已的时候，黄老师走到了教室的后面，请了一个阿姨当助手。黄老师让阿姨坐在一把木椅子上，只坐三分之一，双脚成九十度。

紧接着，黄老师走到大家的面前，问："你们谁来给我吹一口仙气啊？""我！"话音刚落，黄老师就走到了岳丰临面前，翘起手指，放到了他的嘴边。岳丰临猛地一吹，黄老师就好像中了魔似的，晃动着身子，把手指高举在空中，一转身，又摇摇晃晃地走回阿姨面前。只见她俯下身子，点住阿姨的额头——用力一按，大叫一声："站起来！"

令人瞠目结舌的一幕发生了！只见阿姨五官扭曲着挤在一起，用力地想站起来，可怎么也动——弹——不——得！同学们面面相觑，一时间竟说不出话来。

黄老师见我们一个个跟霜打了的茄子似的，说出了其中的秘密。原来，人在站起时身体前倾，重心转移到脚上。如果用手抵住头，人就无法向前倾，重心没法转移到脚上，当然也就站不起来了。

看来，一指神功神奇的是它背后的科学原理呢！

写一封信

···本关告示···

任务 信鸽复工计划。

任务地点 温暖小镇大树旁。

任务对象 亲人、朋友、老师等。

任务说明 用真诚的信件叩开彼此的心扉，让信鸽重新上岗，也让温暖小镇再次"温暖"起来！

行走间，师徒三人来到一个小镇前，名唤温暖小镇。在通信不发达的年代，书信架起了人们和远方的亲友互通消息、沟通情感的桥梁。听说，温暖小镇就保有这种传统的通信方式，不马虎和麦田儿都跃跃欲试。你也一同选择温暖小镇的信鸽，向你想交流的人寄出一封"问候"吧！

飞鸽传书，沟通情感

我好像还没有写过信呢，这回完全没有头绪了。

写信是不是和我们二年级学的留言条差不多，都是给另外一个人看。

懂了，把留言条写长一点就变成信了！

书信和留言条都是应用文，它们确实在形式上有一定相似之处，但实际上差别非常大。留言条主要起到告知别人的作用，非常简洁；而书信是用来沟通情感的，字里行间都饱含深情。

飞鸽传书，打开心扉

飞鸽传书第一招：

看例文，学格式

一封出色的信，格式一定不能出现问题。

下面是常见的书信模板：

亲爱的叔叔： —————————————— 称呼

　　您好！ —————————————— 问候语

　　您寄的书我已经收到了，我很喜欢。谢谢您！ ●— 正文

　　告诉您一个好消息，我们学校搬进了新的校园。新教室宽敞明亮，配有多媒体设备，上课时老师经常使用它们。学校有一个很大的操场，我每天都会去踢足球。搬进新校园，同学们都很开心。

　　您好久没回来了，家里人都很想您。今年过年，您会回来吗？

　　祝

工作顺利！ —————————————— 祝福语

　　　　　　　　　　　　　　侄儿小杰 ●— 署名

　　　　　　　　　　　　　　11 月 25 日 ●— 日期

飞鸽传书第二招：

　　选择好写信对象后，接下来就是确定情感。写信给对方，是要表达一种什么样的情感呢？表达思念，提出建议，诉说委屈，分享趣事，说出不好意思当面说的话……都是情感的表达类型。

写信对象	表达情感
父母　　　朋友 老师　　　玩具	感谢　　　委屈 分享　　　思念

注意，写信对象不同，所运用的语言称呼也有差异！给父母这类长辈写信要用敬语，称呼前可加"尊敬的"。

我从小和外婆相处最久，那我是不是也可以加"亲爱的"？

飞鸽传书第三招：

　　每一种情感，必定能牵引出与之相关的故事。故事可以列举几个同类的组合起来，也可以详细讲一个印象比较深刻的，还可以两种搭配使用。

　　下面看看这位同学讲述的她妈妈的故事。

写得真动人，我也想念我的妈妈了！

亲爱的妈妈：

　　妈妈，您平时对我很严厉，但我知道您其实很爱我。

　　如果没有您平时的严厉，我的一些坏习惯至今还无法改掉，如果没有您的严加管教，我就改不了我的坏脾气。吃饭时，您总是把大的、好的、新鲜的菜往我碗里夹，自己却吃剩下的。有时我心情不好，会指责您这里不对那里不对，您却没有半点怨言，一笑了之，有时还对我说对不起。

　　很多事，您总是再三叮嘱，还要求我一遍遍重复。那时，我觉得您很啰唆，很烦人。但当我遇到问题时，就发现您的话是对的。

　　一天上学前，您跟我说："别忘了带雨伞，今天会下雨。"

　　"不用，这么大的太阳，怎么会下雨呢？"我说完便头也不回地走了。放学了，外面果真下起大雨来，我焦急地盼望着有雨伞的人和我一起走。正在这时，我眼睛一亮，看到了一个熟悉的身影，是您——妈妈！

　　我很幸福也很幸运，有您这样的妈妈陪伴我成长。妈妈，我永远爱您！

　　祝

健康快乐！

您的女儿

5月20日

一封写给钟南山爷爷的信

亲爱的爷爷：

您好！

请允许我这样称呼您，因为我也姓"钟"。我叫钟梓橦，就读于四川师范大学实验外国语小学，是一名三年级的学生。

新冠肺炎疫情发生后，我才知道我们家族有一位医学界赫赫有名的您——钟爷爷。在疫情发生初期，您建议没有特殊情况不要去武汉，但在1月18日，您不顾个人安危，逆行投身到这场没有硝烟的战争中，那张您坐在高铁上睡着的照片深深打动了我。爷爷您要保重身体，因为您是我们全中国14亿人口的"保护神"！我记得您说过：经过七十几年的学习，在基本功里，学好语文是最关键的，学好了语文才能懂得如何对事情进行分析、总结、综合。凡事多问几个为什么，要眼见为实，实践为实，要相信自己的实践比相信权威更加重要。

爷爷您说的这些话我会铭记在心，我也想像您那样成为一个对祖国有用的人，绝不给我们"钟"家脸上抹黑。

爷爷，我还有一个请求：我想要一张您的签名照和回信。谢谢！

此致

敬礼！

爱您的孙儿：钟梓橦

2020年4月4日

一次惊心动魄的经历

···**本关告示**···

任务 重启实验室大门。

任务地点 惊心动魄实验室。

任务对象 心电图测试机器人。

任务说明 向机器人讲述一件惊心动魄的事情，机器人心电图充满绿色时实验室大门将再次开启。

　　正沉浸在上一个闯关成功中的师徒三人忽然感到一阵眩晕，随后在机器的嗡嗡声中，麦田儿缓缓睁开了眼。面前有一个身上安装着心电图凹槽的机器人，用毫无波动的目光凝视着他们……欲知后事如何，快来和他们一起开启这趟惊心动魄之旅吧！

我的心理，我清楚

这个作文小菜一碟，咱不是一直在经历各种惊心动魄的冒险吗？

我们各自挑选一次冒险经历写出来，让师父评一评咱俩的水平谁高谁低！

你俩选对了材料还不够，更重要的是……

师父，您就别卖关子了，哪里有问题，您就直说，我们改。

此次通关，最主要的是写清楚自己的心理感受，你俩在这方面还有很大提升空间呀。

内外兼修，心理描写

内外兼修第一招：

讲清事情，聚焦心跳

　　每个人的喜怒哀乐都不一样，那些让人惊心动魄的事里藏着特别的自己。事与情总是交织在一起的，"讲清事情"是基础，但同时还要能"讲出感受"。怎样让叙事更加精彩呢？大家可以借助下面的"心跳图"学习单，确定"什么事"，填写最能体现事情经过的关键词，标出心跳得最厉害的时刻。

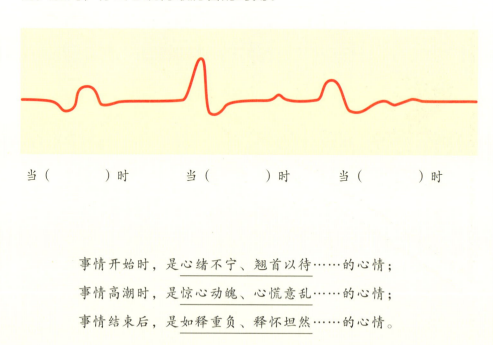

当（　　　　）时　　　当（　　　　）时　　　当（　　　　）时

　　　　事情开始时，是心绪不宁、翘首以待……的心情；

　　　　事情高潮时，是惊心动魄、心慌意乱……的心情；

　　　　事情结束后，是如释重负、释怀坦然……的心情。

内外兼修第二招：

想法多样，内心独白

人的内心想法非常丰富和多样，且变化极快。我们可以使用内心独白法，把心里的想法、感受、打算等用自言自语的方式直接写出来；同时也可以使用幻想法，表现人物的心理活动。

下面的这位小朋友，就采用了这两种方法，把自己裤子撕裂时的内心想法和尴尬心理描写得惟妙惟肖。

我扭头一看，天呀！裤子的后面被撕出了一道大口子。那道口子耀武扬威地敞开着，一切暴——露——无——遗！我难堪极了，天呀，这可怎么办？什么都曝光了！光着屁股，怎么回得了家？妈妈问起来，我该怎么回答？而且是所有"关键部位"都一览无余！要是被同学看见了，叫我怎么见人！我仿佛看见了我们班那些"赞花儿（成都话，爱出风头的人）"们，正捂着嘴交头接耳，有的正冲我笑呢！想到这儿，我的脑子里"嗡"的一声，身体好像被闪电击中了似的，脑子里一片空白，整个人如同冻僵了般无法动弹。

好丢人！

内外兼修第三招：

　　心里的情绪往往会引发我们身体的各种感受和变化：紧张时，手心出汗，心跳加快；害怕时，全身僵硬，动弹不得；发怒时，火冒三丈，面红耳赤……几乎每一种情绪都能引起我们身体奇妙的变化和反应。

　　如何通过人物的动作、语言、神态等外在表现展示人物的心理变化，我们一起来学习下吧！

　　在课文《牛和鹅》中，作者看见鹅心里非常害怕就马上不说话了。当他被鹅追赶时，吓得腿都软了。被鹅咬住时，更是惊慌失措，书包掉了，鞋子也弄脱了，又哭又叫，让人看了仿佛亲身经历一般。

　　再比如课文《陀螺》一文，当小作者拿到叔叔送的礼物后，发现它是一枚嵌上滚珠的大陀螺以后，高兴得手舞足蹈，恨不得马上在马路上一显身手。

原来，这就是教科书级别的"内外兼修"描写啊。

这样通过外部身体反应表现人物内心活动的方法，才是入木三分呀！

一次惊心动魄的经历

肖若水

有一回，妈妈带我去游乐园玩。游乐园的项目可真多啊！最后，我走到了"空中飞人"项目前，看着天上的"飞人"，觉得无比刺激，心里暗叹："我一定要体验一把！"

排队的人宛若一条长龙，我的内心就像热锅上的蚂蚁一样煎熬。队伍在缓缓地变短，我的心也跟着兴奋起来。终于，大门刚一开，我就冲了进去！

我坐在椅子上，工作人员帮我扣上安全带，大柱子开始工作了，它把我们"呼"地甩了起来。起初我还觉得挺好玩，但没一会儿，好玩就被恐惧替代了。我看了一眼下面，不禁大惊失色，此时我想要发出呼叫，却失声了！

接着，这大柱子像是没完没了似的，把我甩了一圈又一圈……我的额头冒出了一排排密密麻麻的汗珠，双手紧紧地拽着安全带，心里七上八下的，思绪难宁。各种记忆在我脑海中浮现，我的心从天堂落到了地狱，而我的身体也在不断地往下坠。这种不断的失重感让我胆战心惊。

终于，大柱子慢了下来，越来越慢，最后，它停下来了。我踉踉跄跄从椅子上下来，啊，脚踏大地的感觉真好啊！

我活过来了，这真是一次惊心动魄的经历！

我的乐园

···本关告示···

任务 夺回"生花妙笔"。

任务地点 桃花山洞。

任务对象 巫婆。

任务说明 以《我的乐园》为题写一篇作文触动机关，找到"生花妙笔"。

　　漫漫旅途，师徒三人都有一些疲惫。他们来到一个村庄，准备在此借宿，稍做休整。午饭后，不马虎惊讶地发现这个村庄里的孩子们脸上都没有一丝笑容，你愿意和不马虎一起去一探究竟吗？

乐园，不仅仅是喜欢

我要给孩子们介绍迪士尼乐园！可以和无数的卡通人物游园，乘坐刺激的"创极速光轮"……

不马虎，你去过迪士尼吗？我们得先写乐园的样子，再写我们在乐园里最喜欢做的事情。

嘿嘿，没去过。那我还是写学校操场吧，那儿也可有趣了。

要写真正让你感到开心的乐园，才能找回孩子们的笑容。所以这个乐园应该是你经常去的地方，和你的关系密切，而且范围不能太大。最重要的是，要把你们快乐的感受写清楚。

妙笔生花，心花怒放

妙笔生花第一招：

语言图像化，写"好"乐园

乐园是你们能经常去的地方，写之前再用心地观察、感受、记录一下你的乐园，可以先用彩笔把乐园的样子画出来，也可以把习作带到你的乐园中去写，按照一定顺序，把你看到的画面、听见的声音、闻到的味道，以及你的感受等转化成文字，用生动的语言在读者的脑海里描绘画面。

正如课文《乡下人家》所描绘的一样：

有些人家，还在门前的场地上种几株花，芍药，凤仙，鸡冠花，大丽菊，它们依着时令，顺序开放，朴素中带着几分华丽，显出一派独特的农家风光。还有些人家，在屋后种几十枝竹，绿的叶，青的竿，投下一片绿绿的浓荫。几场春雨过后，到那里走走，你常常会看见许多鲜嫩的笋，成群地从土里探出头来。

——节选自陈醉云《乡下人家》

妙笔生花第二招：

感受具象化，写清"乐"事

　　你的乐园里一定有不少充满乐趣的事，选择一两件你最喜欢的事，将事情叙述清楚。更重要的是要写出过程中的快乐感受。

　　快乐的感受可能是收获、体会，也可能是产生的某些想法，把这些快乐的感受写下来，让读者也被这种快乐感染。

　　以《我的乐园——班级图书角》一文为例。

收获	在这个小乐园里，我收获了阅读的快乐。那些惊险刺激的场面，那些令我捧腹大笑的情节，那些值得深思的学问……无不让我欢欣。
体会	每当我捧起书籍，我的世界就变得宁静，即使教室里十分吵闹，也似乎打扰不到我。此时，时间仿佛跑得飞快……
想法	在这个乐园中，有时我手握书籍，但脑袋里常常跑出一些令人兴奋的想法，让我迫不及待地想把它们落在笔端。我想，乐园给了我灵感。

　　高尔基说过："书籍是人类进步的阶梯。"等哪天我也好好探索下我们班的图书角！

妙笔生花第三招：

直接抒发式，写出"乐"感

　　乐园给你带来的快乐往往是很直接、简单的，在这里，你常常会不由自主地感到快乐。

　　所以，写快乐的感受还可以用直接表达的方式，让你的感受与读者产生共鸣，感染读者。

　　看看下面这位同学在班级图书角收获的快乐。

　　我在班级图书角找到了无穷的乐趣。通过阅读，我收获了知识，提升了阅读和写作能力。这些知识和能力又让我在学习上如鱼得水，获得了老师的好评。

　　班级图书角，这真是一个令人快乐的地方。

太棒了！壮壮老师和麦田儿再也不用担心我的学习啦！

我的乐园

王采薇

家门前的那一片小花园，是我的乐园。

家门前的树，我选了两棵结实的，把吊床两头的绳子分别拴在两棵树干上。空闲时，我便坐在吊床上，津津有味地看起书来。刺眼的阳光透过树叶之间的缝隙照在我的身上，映出一个个小圆圈，真是惬意。

屋子右边有一片平坦的草地，奶奶用篱笆把这块地圈起来，用来养鸡。我总是切一些青菜叶，装在一个小盘子里去喂它们，它们就"咯咯咯"地叫着，慢慢向我靠拢，争先恐后地啄起了青菜。

鸡舍前面是一片菜田，种着许多菜和花，其中豌豆和胡豆最引人注目。豌豆花是雪白色的，而胡豆花与豌豆花长得很像。那旁边是一片一望无际的油菜田，春天我最爱在花田里看蜜蜂采蜜，它们飞，我就跟着一起跑。

屋后有一条弯弯曲曲的乡间小路，小路旁是一条小河，河水"哗哗"地自在流淌。小时候，我在这里学骑自行车，家里的小狗会跟着我跑，我需要骑得很快才能不被小狗追上。时间一长，我自然就学会了骑车。现在，我依旧经常在这条路上骑车，微风拂面，真是舒服极了！

我在这里看书，在这里骑车，在这里玩耍，这就是我的乐园，有我最珍贵的童年回忆。

我的奇妙发明

···**本关告示**···

任务 走出戈壁滩。

任务地点 戈壁滩。

任务对象 自己。

任务说明 开动脑筋，发挥想象力来发明东西，走出戈壁滩。

　　师徒三人继续前行，不知走了多久，发现眼前只剩一片茫茫的戈壁。原来这就是传说中的迷离戈壁滩，凡是经过此地的人，如果没有扎实的内功，就很容易被迷惑心智，从而被困在此地，再也走不出去。

　　好在，这片戈壁的神奇之处在于可以发挥奇思妙想，你会想到发明什么来助不马虎他们一臂之力呢？

不走寻常路

奇思妙想就是不走寻常路、出奇制胜吗？

发明东西，就是想别人所不敢想，制作别人没有的东西。想法要兼具"奇"和"妙"，放飞你的想象力吧！

让我列个表格，记录一下我的想法。我想发明会飞的书包、海陆空三用的鞋子……

哎，我发明的做作业机器人又失败了！

不马虎，别老想着不切实际的发明。列个表、画个图，再用文字介绍，让人明白你想发明的东西长什么样。

77

奇思妙想，大胆创新

奇思妙想第一招：

想清楚发明物是什么

既然是发明东西，那就需要我们大胆想象，想得新、想得奇、想得妙。我们可以从生活出发，想想生活用品、公共设施、交通工具……我们要发明的东西可以来自不同方面，我们的思维可以无限扩张。

当然，我们发明的东西必须是新的，是以前和现在都没有的。你可以多想一些东西，然后选择一样最奇妙的，写下来。让我们看看不马虎的奇思妙想。

20年后的今天，我已经是一位鼎鼎有名的年轻建筑设计师。那时人口不断增多，地球根本容不下这么多人口，我只好搬进海底居住了，因此我设计了一种*海底房屋*。

看我获得的设计大奖！

奇思妙想第二招：

画清楚发明物的样子

因为我们要发明的东西没有其他人见过，所以在介绍发明物的时候，我们可以用上图画或者思维导图来帮助读者理解。

介绍发明物的样子，我们要注意顺序。先介绍整体的大小、形状、材质、颜色等，再介绍局部的细节。

这种房屋，外表像一艘船，墙壁用特殊的、透明的玻璃制成。它的空间很大，可以同时容纳几百号人。别小瞧它，这种玻璃可是由橡胶、防火胶、不锈钢板等材料合成的，它外表虽然薄，但用处可大了。如果遇到海啸，陆地上的房子一下子就被卷走了，它却可以安然无恙，毫不动摇。

可以啊，不马虎，你这未来的"海底房屋"描述得有模有样的。未来可期啊，大建筑设计师！

嘿嘿，谢谢麦田儿鼓励！将来建成，给你和壮壮老师留参观的门票。

奇思妙想第三招：
写清楚发明物的功能

　　介绍发明物的功能时，我们要分清主要功能和次要功能。主要功能详细写，次要功能简略写。可以列举事例对功能进行说明，还可以用上列数字、做比较等方法来展现发明物与众不同的功能。

　　纳米技术可以让人们更加健康。癌症很可怕，但如果在只有几个癌细胞的时候就能发现的话，死亡率会大大降低。利用极其灵敏的纳米检测技术，可以实现疾病的早期检测与预防。未来的纳米机器人甚至可以通过血管直达病灶，杀死癌细胞。生病的时候，需要吃药。现在吃一次药最多管一两天，未来的纳米缓释技术，能够让药物效力缓慢地释放出来，服一次药可以管一周，甚至一个月。

——节选自刘忠范《纳米技术就在我们身边》

看完对纳米技术的介绍，好期待啊！

怎么把功能写清楚？《纳米技术就在我们身边》这篇课文给我们做了很好的示范。

畅想神奇书包

陈泓萱

生日时，好朋友送给我各种颜色的按钮、挡板、肩带、弹力布料和一些奇奇怪怪的小玩意儿。我准备把它们组装成两个多功能书包，自己用一个，再送一个给我的好朋友。

首先，我选了一块有弹性的布料，将它缝成书包形状的大袋子，并且在袋子上画了许多爱心图案。

接着，我又选了几块挡板，剪成四边形，在大袋子的正面贴上一块，剩下的挡板摆在书包里面。

然后，我安上了一整排的按钮：蓝色按钮可以弹出文具盒；橙色按钮可以自动调节肩带；红色按钮可以发光并语音提醒目前环境的危险因素；白色按钮可以伸出雨伞；黑色按钮可以弹出救生圈；黄色按钮可以让书包变小；绿色按钮可以还原书包大小；紫色按钮可以伸出小翅膀，自动低空飞行！

我上看下看，总觉得还少了点什么。原来忘记缝防水侧袋了！我找到了一些彩色气球，把它和防水布料缝在了一起，这样就可以根据水壶里的水温自动变色啦！

最后，我给书包装上了充电装置，并且把书包上的爱心图案涂上粉色的油彩，再配上零件中精致的挂饰，美极了！

第二天，我把神奇书包送给了好朋友，她开心地对我说："如果你拿神奇书包去参加发明大赛，肯定能得奖！"

我的动物朋友

··· **本关告示** ···

任务 帮助小糊涂神。

任务地点 "一目了然"山谷。

任务对象 小糊涂神。

任务说明 帮助小糊涂神学会清晰准确表达，找回他的动物朋友即可过关。

这天，壮壮老师、不马虎、麦田儿偶遇了正在苦苦寻找宠物的"小糊涂神"。"小糊涂神"既没照片，也表述不清宠物的特点。最后，大家准备去"一目了然"山谷寻求帮助。

在本关寻找动物的特殊情境下，你能明白怎样帮助小糊涂神吗？

情境不同，表达不同

太好啦！我最喜欢小动物了，这次闯关就看我的吧！

小糊涂神无法说清楚他的动物朋友，和它丢失时的特殊情境，什么线索都没有，还有点难度呢！

是的，情境是指一些特定的情况。不同情况下，会有不同的表达需求，所要表达的内容也就不同。所以不马虎，只凭对小动物的喜爱，是不足以找到小糊涂神的宠物的！

这可是第一次听说，老师，快教小糊涂神"一目了然"这招！

我的宠物会汪汪叫，浑身长着斑点，耳朵像把大扇子往下垂着，脖子上有个黄色项圈。

原来是斑点狗，这次我们一定能找到了！

是的，这就是我的宠物！太感谢你们了！

下次可不许乱跑，让你主人担心哦！

汪汪汪！

哈哈，那不马虎描述一下"一目了然"山谷的特征吧。

师父，"一目了然"我们也会了！

啊？这，我觉得我还要再学习学习……

劈云斩雾第一招：

入情入境，为读者而写

　　不同的情境，作者的需求和读者的阅读愿望各不相同，我们不能一概而论。作为作者，想要成功获得读者的帮助，就要钻进读者的心里，看看他们究竟想知道哪些信息，从而帮助我们准确选材。

　　以"我的动物朋友——小狗"为例，大家可以运用下面的图表，梳理自己的材料，完成选材和构思。

①寻找小狗	读者：小狗长什么样？
	小狗喜欢去哪里玩耍？
	小狗的叫声有什么特点？

②暂养小狗	读者：小狗每日吃饭、喝水、睡觉的习惯是怎样的？ 小狗喜欢的活动是什么？ 小狗的脾气如何？有需要特别注意的事情吗？
③领养小狗	读者：小狗的样子是否可爱？ 小狗的性格、脾气如何？ 小狗的生活习性是什么样的？

劈云斩雾第二招：

入情入境，抓住特点放大写

在描写特点时，可以运用放大镜法，把最突出的地方写细致；还可以运用拟人化的语言，赋予动物以人的性格和行为特征。

例如，课文《白鹅》中是这样描写鹅的高傲的：

它伸长了头颈，左顾右盼，我一看这姿态，想道："好一个高傲的动物！"

鹅的高傲，更表现在它的叫声、步态和吃相中。

鹅的叫声，音调严肃郑重，似厉声呵斥。……凡有生客进来，鹅必然厉声叫嚣；甚至篱笆外有人走路，它也要引吭大叫，不亚于狗的狂吠。

鹅的步态，更是傲慢了。……看见人走来也毫不相让；有时非但不让，竟伸过颈子来咬你一口。

鹅的吃饭，常常使我们发笑。我们的鹅是吃冷饭的，一日三餐。它需要三样东西下饭：一样是水，一样是泥，一样是草。……但它的吃法，三眼一板，一丝不苟……

——节选自丰子恺《白鹅》

丰子恺先生是先总写鹅的傲慢，再从叫声、步态、吃相三个方面具体描写鹅的傲慢。

是呀，作者运用先总后分的方式进行谋篇布局，我们也可以学习用这样的方式搭建框架。先总说动物朋友的特点，再从不同方面进行描写，从而表现这个特点。

劈云斩雾第三招：
入情入境，描绘感受写情感

　　该如何表达对动物朋友的喜爱之情呢？那就是在细微处用力。还可以写写和动物朋友的一些趣事，凸显你对它的喜爱之情。看看下面这位小主人怎么表达对小猫的喜爱吧！

　　一个冬日的午后，阳光透过窗户洒满了整个屋子。我正趴在桌前奋笔疾书，这时小猫圆圆挺着她吃得圆滚滚的肚皮从门缝处挤了进来，对我是看也不看一眼，径直走到了我的床前，脚掌点地，轻松地跃上了我的床。接着，她就像是高傲的女王，优雅地在我的床上转了一圈，仿佛是在视察领地。最后，她在枕头旁停了下来，大概这片阳光地带是她理想的午睡场所吧。

　　没有征得我这个主人的同意，她就自顾自地躺了下来，尾巴轻轻一甩，把自己蜷成了团儿，脑袋轻轻地侧躺着。看着她这慵懒的样子，而我却不得不在这写作业，不由心生一阵嫉妒，我扑过去伸出双手一把抱住她，用脸使劲儿在她柔软的身体上蹭了蹭。而圆圆也并不恼，只轻轻地叫了一声，转过头，把脸埋进阴影里，继续睡她的觉。

我的动物朋友

张盈歌

　　我有一个好朋友，它是一条比格犬。因为它的耳朵特别大，所以我给它起名叫图图。

　　图图长得很可爱。浑身的毛以白色和黑色为主，耳朵则是棕色的。一双眼睛水汪汪的，看起来无辜又可爱。它虽然很健壮，但抱起来软绵绵的，是冬天最温暖的抱枕。

　　图图是一个"吃货"。它的鼻子特别灵，家里一做好吃的，它跑得比我还快。我们吃饭的时候，它会耐心地坐在一边眼巴巴地看着我。而我每次都会以最快的速度吃完，好把剩骨头拿给它加餐。图图性格活泼，它最喜欢的事就是出门玩耍。每天晚饭过后，我们会牵着图图出门散步，这个时候它就会特别兴奋，摇着尾巴，迫不及待地让人给它套上牵引绳。出了门，图图喜欢东奔西跑地四处嗅，对什么都充满好奇。因为图图长相可爱，人们都喜欢逗逗它，还有的人会忍不住要摸摸它，而它也很开心地和大家玩耍。

　　图图也有让我们哭笑不得的时候。由于它的好奇心很重，有时会把家里搞得一团乱，一不小心还会咬坏一些东西。当你批评它时，它也会老老实实地坐着，一副知错就改的模样。

　　这就是我的图图，我真想就这样和它一起快乐地长大。可是，下个月我就要搬家了。如果你是一个喜欢小动物、有责任心的主人，你愿意帮我照顾它吗？

写游记

这一日，壮壮老师、麦田儿、不马虎三人来到了传说中移步换景的万宫之城。不马虎迫不及待地跑进去开始观赏，没有听到导览员对错综复杂路线的介绍。那么，认认真真听完讲解的你能不能写篇游记帮助他呢？

游记，不光是游览

按我的游记，你们可以找出蛛丝马迹，发现我的书包在哪里吗？

不马虎，你的表述太乱了，不把游览的过程讲清楚，我也爱莫能助啊。

可以借用游览中印象深刻的地方的特点来回忆顺序，比如你最后进去的地方的布置或者方位这些。

我明白了，我这就好好回忆，理清思绪！

不马虎，你叙述的顺序太乱了，我们都听糊涂了。

我教你一招"凌波微步，移步换景"，你再重新说给我们听。

我想起来了！我最后去的这个宫殿出门有一处池塘，书包可能就掉在池塘旁边了！

嘿嘿，按顺序去找，果然找回了我的书包！

学会理清顺序和抓住特点，下次再丢三落四也不担心啦！

93

凌波微步，移步换景

凌波微步第一招：

移步换景明顺序

课本里的写作密码

　　一处景点的景物不止一个，要怎样说清楚游览的顺序呢？习作范文《颐和园》采用了"移步换景"的手法，用四个句子做成了一串"冰糖葫芦"，很好地说清了游览的顺序。

进了　绕过　走完　登上　站在

　　进了颐和园的大门，绕过大殿，就来到有名的长廊。……

　　走完长廊，就来到了万寿山脚下。……

　　登上万寿山，站在佛香阁的前面向下望，颐和园的景色大半收在眼底。……

　　从万寿山下来，就是昆明湖。……

——节选自袁鹰《颐和园》

《颐和园》中描写四个景点段落的开头真是言之有序啊！

这四个开头，在前后两处景物的中间加上了串联词，就把游览景物的顺序讲清楚啦！

凌波微步第二招：

独具慧眼描特点

　　要想文章与众不同，还得写出景物的特点。景物的特点可以是客观的特点，比如：绝无仅有的故事传说、别致的景观美景；也可以是给你留下深刻印象的地方。只要你有一双慧眼，一定能找到与众不同的特点。

　　然后抓住这些特点和印象，从景物的不同方面，运用不同的表现手法，或浓墨渲染，或工笔细描，努力呈现这些景物的独特之处。

慧眼看万物，下笔如有神！

　　一下车，放眼望去，十里桃花。**不，百里、千里**！桃花开放，数也数不清。粉红的桃花开放着，沁人心脾的花香扑面而来。走进"桃花源"，深红的，浅红的，粉红的，层层叠叠绽放在眼前，仿佛置身于一片红色的云霞中。艳丽的桃花，如此令人心醉！远处，鸟儿在歌唱；近处，蝶儿在舞蹈……

凌波微步第三招：

触景生情加感受

要写出景物与众不同的特点,还可以添加游览者在看到景物时,从内心生成的独特感受。眼前的景物可能会激发激动、喜悦的情绪;也可能会联想到生活中的某个经历。这,就叫触景生情。

走进公园,一眼就看到"博雅"两个红色大字,它像一位高龄的老爷爷,又宽又大,十分沉稳。它旁边簇拥着许多盆花,就像一排排拥有三头六臂的士兵,保护着它。这可不就是我家里的老佛爷——奶奶享有的待遇吗!每到周末和节假日的时候,我们一家老小就环绕在奶奶身旁,跟她说说话解解闷,逗逗奶奶开心。我心里这么想着,乐乐呵呵地往前走。

从公园里花盆的布局联想到一家人其乐融融的场景,真是自然又温馨!

这就是触景生情手法的妙用,借眼前之物,抒深远之思,还颇有我们中国特有的含蓄的文化特质呢!

游青城山

郭子墨

国庆，我们一家去了闻名中外的道教圣地——青城山的后山。接下来我就带你们去游览一下吧。

游览青城山后山有两条路，我们沿右侧的山路而上，展现在眼前的是石头砌成的台阶，弯弯曲曲看不到尽头。台阶的一侧是山沟，侧边安装着护栏。山上绿树成荫，时常会有瀑布和鸟儿的歌声相随。

青城山后山的栈道非常美观。它是用木条做成的，架在水面上像是钢琴的琴键，走在上面像是在弹奏美妙的音符。本来疲惫的身体，瞬间轻快起来。

来到半山腰，映入眼帘的是翠映湖。湖边有一个码头，有一艘游船靠在岸边。在船上看青城山后山的景色另有一番感受，两侧高山郁郁葱葱，湖水碧绿，穿过一条狭长的峡谷，驶入湖中央，看到水中的小鱼自由自在地追逐，像是一幅美丽的山水画平铺在面前。

青城山的山顶在一片树丛中陡然出现，让我们既惊喜又兴奋，吃上一碗冰凉的红糖冰粉，真爽！

俗话说"上山容易，下山难"，坐缆车下山定是个不错的选择。它像是在烟雾缭绕的山中飞行，低头可以看到像蚯蚓一样蜿蜒的小溪，像油画一样立体，和像挂着的白色帘幕的瀑布。

这就是青城山的后山，既是世界文化、自然遗产，也是大熊猫的栖息之地。你是不是也想来游览一番了？

我学会了 XX

···本关告示···

任务 通缉太平宫主。

任务地点 混沌国。

任务对象 混沌国国王——太平宫主。

任务说明 以《我学会了 xx》的习作加强招式，打败太平宫主。

太平宫主横行无忌，当地百姓深感苦恼。壮壮老师三人马不停蹄地赶往混沌国，准备与太平宫主一决高下。听说太平宫主苦学习久矣，或许你可以写下一门技艺的学习过程，加入他们，与太平宫主过过招。

99

写学习，很容易

写学习的作文，这还不简单！我就写《我学会了起床》《我学会了刷牙》《我学会了上学》……

你说的这些肯定对付不了太平宫主，我觉得要写学会之后有成就感的事情！

有成就感，难道是要我去做一番轰轰烈烈的大事？我明白了！我就写我学会了开飞机！

写的事情不在大，相反能把一件小事写得一波三折，写出"成就感"才是最重要的！

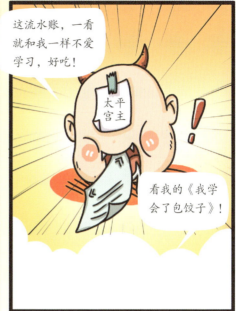

神龙摆尾，一波三折

神龙摆尾第一招：
寻找一波三折的困难点

　　"不经历风雨，怎么见彩虹？"构思时可以寻找学习过程中的"困难点"，并写清楚自己是怎样克服困难的。不仅可以让故事一波三折，而且能从波折中体验到"成就感"。

　　以"我学会了炒菜"为例，大家可以运用下面的构思表，帮助自己梳理学习的过程。

倒油入锅　　　　　　　　　下菜翻炒

起锅装盘

我学会了炒菜				
阶段	怎么学的	遇到困难	怎么克服	结果怎样
一	倒油入锅	害怕被热油溅到，心里忐忑不安	拿锅盖挡住热油	锅盖上的水滴入锅中，油星四溅
二	下菜翻炒	不小心将装菜的铁盆子丢到锅里。铁盆子在锅里被烧得滚烫，油锅里的油炸得更响	用毛巾捞出铁盆	双手烫得通红
三	起锅装盘	菜倒到了盘子外面	熟能生巧	大功告成

神龙摆尾第二招：

描绘一波三折的细节点

　　找到了一两处困难点，还要展开细致的描写，才能更吸引人。比如写到困难点时，你可以对出现的意外状况加以描述，对自己如何克服困难的动作展开细致的刻画。特别是在描写困难时，我们可以展开想象，把困难当作人来写，写出它是如何与你"作对"的，这样情节就会变得生动、有趣、一波三折。

　　我迫不及待地拿起饺子皮，摊在手心上，取了一把勺子，舀了一点儿肉馅，放在饺子皮中间，捏住皮的两端，再对折。咦？怎么捏不拢？

真是的，这饺子皮像一个顽固的老头，死活不肯粘在一起。哼，要知道和我作对的下场！我把它使劲一捏，它就得意地开了花，我使劲一压，它又幸灾乐祸地张开嘴，好像在说："哼哼，你捏吧，你怎么都捏不拢的！"讨厌！它在故意和我作对，不一会儿，我的手上就沾满了肉馅儿，饺子上也满是油腻腻、滑溜溜的肉，看着让人没了胃口。

神龙摆尾第三招：
增添一波三折的心情点

遇到的困难，是可见的波折。还有一种"波折"不容易看到，却真实存在，那就是我们心理变化的"波折"，课文《我们家的男子汉》就给我们做了很好的示范。

有一次，我带他去买东西，他提出要让他自己买。我交给他一角钱。他攥着钱，走近了柜台，忽然又胆怯起来。

我说："你交上钱，我帮你说好了。"

"不要不要，我自己说。"他说。

到了柜台跟前，他又嘱咐了我一句："你不要讲话啊！"

营业员终于过来了，他神情有点儿紧张，勇敢地开口了："同志，买，买，买……"他忘了要买什么东西了。

我终于忍不住了："买一包山楂片。"

他好久没说话，潦草地吃着山楂片，神情有些沮丧。

——节选自王安忆《我们家的男子汉》

我学会了包饺子

季瑞涵

今天，黄老师一走进教室，就向我们投来了一个"重磅炸弹"——包饺子。话音刚落，教室里一片欢腾！

终于盼到包饺子了，每个人都摩拳擦掌，跃跃欲试。"开始！"黄老师一声令下，我迅速拿起一张饺子皮，轻轻地摊在手掌上，然后取了把小勺，舀了一大勺肉馅，放到饺子皮中间，再用手指蘸了些水，均匀地抹在四周。我捏住饺子皮的一端，向上对折，饺子皮就变成了一个小小的扇形。接着，我用手指把中间的顶端捏紧，再把左右两侧的皮往中间压。

可是肉馅仿佛和我唱起了"对台戏"，总是一窝蜂地往外挤。堵住了左边的，右边的又钻出来了；堵住了上面的，肉馅又从两端挤了出来。我像个救火队长一样，来回地忙碌着。不一会儿，我的手上就满是肉馅。望着这个烂摊子，我垂头丧气地坐在那儿，不想再包了。可转念一想："做事不能半途而废呀！"于是，我请教了老师，用勺子把多余的肉馅舀了出来，把左右两侧的皮往中间压，一个饺子就包好了。

饺子包好了，锅里的水也"噗噗"地沸腾起来，好像在说："快下来吧，饺子！"我们迫不及待地把饺子放进锅里，它们立马沉到水底，但过了一会儿，它们又浮了起来，像一艘艘白色的小船，仿佛在说："我们要游到你的嘴里！"

我的自画像

···本关告示···

任务　我的自画像。

任务地点　"含湖"的小船上。

任务对象　"含湖"。

任务说明　向"含湖"作自我介绍，得到认可即可过关。

一日，师徒三人正泛舟湖上，忽然发现他们一直在原地打转。这时，悠悠传来"含湖"的声音，原来的它也是清澈见底、游鱼嬉戏，可如今……想要了解其中原委，快准备好一篇《我的自画像》来与"含湖"交个朋友吧！

写人物，不能含糊

看来这就是"含湖"，"含湖"湖妖作怪，吞食太多糊涂画作，导致湖水长年浑浊不清，路过的人们都无法逾越。

那让我来打跑湖妖不就行了，看我勾勒简笔"自画像"，清清楚楚！

你就别瞎胡闹了！"含湖"，含糊，含糊不清的原因就是你的画作稀里糊涂，看不出来呀。

没错，你们想想添加什么事例能凸显你的特点，抓住自己的特点才能介绍清楚。

分身化影，析毫剖厘

分身化影第一招：

自——抓特点，写明外貌

说起哪吒，我们马上就能在脑海中清晰地浮现出他的风火轮、混天绫，是"特点"让我们记住了不同的人物。所以，我们要抓住自己的特点来展现自我形象。选择特点的时候，大家可以运用下面的图表，帮助自己选出最能代表自己的一项特点。

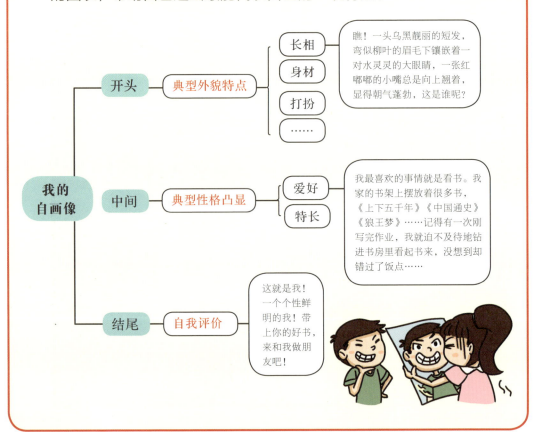

我的自画像

开头——典型外貌特点——长相、身材、打扮……

瞧！一头乌黑靓丽的短发，弯似柳叶的眉毛下镶嵌着一对水灵灵的大眼睛，一张红嘟嘟的小嘴总是向上翘着，显得朝气蓬勃，这是谁呢？

中间——典型性格凸显——爱好、特长

我最喜欢的事情就是看书。我家的书架上摆放着很多书，《上下五千年》《中国通史》《狼王梦》……记得有一次刚写完作业，我就迫不及待地钻进书房里看起书来，没想到却错过了饭点……

结尾——自我评价

这就是我！一个个性鲜明的我！带上你的好书，来和我做朋友吧！

分身化影第二招：

画——多维度，刻画性格

不同的语言描写、动作描写可以体现不同的人物性格特点，让别人认识不一样的你。因此，在进行人物的性格刻画时，可以从多个维度去刻画，如动作描写、神态描写、语言描写等等。

课文《"诺曼底号"遇难记》为我们提供了范例：

……哈尔威船长站在指挥台上，大声吼喝："全体安静，注意听命令！把救生艇放下去。妇女先走，其他乘客跟上，船员断后。必须把六十人救出去。"

实际上一共有六十一人，但是他把自己给忘了。

船长威严的声音压倒了一片呼号和嘈杂，黑暗中人们听到这一段简短有力的对话：

"洛克机械师在哪儿？"

"船长叫我吗？"

"炉子怎么样了？"

"海水淹了。"

"火呢？"

"灭了。"

"机器怎样？"

"停了。"

——节选自维克多·雨果《"诺曼底号"遇难记》

这第二个妙招就藏在课文里：多维度——从神态、语言、动作等不同维度的描写来刻画人物性格。

分身化影第三招：

像——用事例，像心像意

　　班级中，同学之间是相互了解的；家庭里，家人之间是相互了解的。因此，在写完前面两个部分之后，可以将自己所写读给同学或者家人听一听，请他们来评判你写的到底像不像，据此来进行修改，更好地凸显人物特点。

　　修改前：[萱萱：别看我长得眉清目秀的，我可是一个女汉子，不是这么好惹的哦！有一次，小区里最爱欺负人的"小霸王"公然抢走我的皮球，我一个动作就让他投降了，让他脸上出现害怕的神色。我可不能放过他，后来他就不敢欺负我了。]

　　修改后：[萱萱：别看我长得眉清目秀的，我可是一个女汉子，不是这么好惹的哦！有一次，小区里最爱欺负人的"小霸王"公然抢走我的皮球，我气得火冒三丈，大吼一声："你给我站住！"并以迅雷不及掩耳之势飞奔过去，飞速一脚踩在他的脚上，疼得他哇哇直叫，对着我求饶："萱萱女侠，我错了错了，你能把脚拿开吗？"我没理他，脚下继续用力。只见他的脸皱成了一团，疼得眼泪都要掉下来了，我心软了，一晃神，就让他逃跑了！我朝着他远去的背影喊："哼，下次再敢欺负人，本女侠绝不饶你！"]

我的自画像

林熙妍

我是微胖女孩，我的脸圆鼓鼓的，特别是两腮肉嘟嘟的。我有一双水灵灵的大眼睛，长长的睫毛又浓又密。最令我骄傲的就是乌黑亮泽的秀发，散下来的时候，就像黑色的瀑布。

别看我平时大大咧咧的，其实我很胆小。我不敢一个人待在陌生的地方、不敢走夜路……我甚至不敢一个人睡。

记得有一次，我正在书房写作业，妈妈跟我说："我去洗澡了！你做完作业自己看会书啊！"可我专注于作业，没有听见她说的话。等我写完作业时，回过神发现妈妈不在客厅了，我回想起刚才不知道独自一人在偌大的家里待了多长时间，顿时毛骨悚然，于是大喊了几声"妈妈——"可没听到回应。我赶紧又去楼上找了一遍，也没见到妈妈的身影。

时间一分一秒过去，我越想越害怕，该不会一直都是我一个人在家吧？妈妈呢？妈妈是不是去拿快递了？我边哭边喊地走出家门，往离家不远的快递站走去，越哭越大声，惹得路人频频侧目。过了一会儿，可能是妈妈洗完澡发现我不在房间，又隐约听见我的哭喊声，这才坐电梯下来找我。

妈妈见到我，哭笑不得地说："傻孩子，妈妈跟你说我去洗澡了呀，再说了家里肯定比外面安全啊，怎么还跑出来了呢！"

这就是我！一个外表大大咧咧，内心却"胆小如鼠"的我！

新编故事比赛

··· 本关告示 ···

任务 新编故事比赛。

任务地点 故事王国。

任务对象 故事大王。

任务说明 选取耳熟能详的老故事重新编写并讲述给故事大王听，得到故事大王的认可即为过关。

这一天，师徒三人来到一个叫作"故事王国"的地方。看到许多小动物都围着一位"故事大王"津津有味地听他讲故事。自诩听过的故事比他吃的饭还要多，不马虎想与故事大王比试比试，你也快来试试吧！

故事王国

有一天，在森林里，兔子和乌龟准备比赛跑步……

兔子在树下呼呼睡了一觉，而乌龟不停地爬呀爬……

那就让你来吧，看你年纪轻轻的，倒是听听你能用老故事的壳讲出什么新意来。

哎呀，这讲的不就是《龟兔赛跑》嘛！都听过多少遍的老故事了！

我一定行！

新编，"新"在哪里

不就是要把经典的老故事进行重新改编嘛，以我这两年走南闯北的功力，随便写写就是个不错的故事，我先从改变结局入手！

新编可不是随意乱编。比如说，在《龟兔赛跑》这个老故事里，有人物、情节、结局。你们觉得这三个要素哪些能变，哪些不能变呢？

结局应该能变，结局变了，情节也得跟着变。

主要人物不能变，否则就不是龟兔赛跑了。

117

推陈出新，生机焕发

推陈出新第一招：

选定故事，设置结局

　　故事新编，首先可以给新故事设置一个新的结局，把这个结局作为故事的开头写进故事里。值得注意的是：当你写下开头的时候，就要想好整个故事了。

　　让我们来看看不马虎是怎么做的吧！《新龟兔赛跑》这个故事的新结局有以下几种情况：

　　1. 兔子赢了。

　　2. 乌龟又赢了。

　　3. 乌龟和兔子都赢了。

　　4. 乌龟和兔子都没赢。

故事开头：

　　话说，自从那次赛跑输给乌龟之后，兔子耿耿于怀，谨记教训，苦练长跑。这一天，兔子又向乌龟发起了挑战。可万万没想到，兔子居然又一次惨败。这究竟是怎么回事呢？让我们一起来围观吧！

用了这第一招，不马虎很轻松地写下了一个较有吸引力的故事开头。

而且，我还用上了"话说""这一天""这究竟是怎么回事呢？让我们一起来围观吧"这样的话，增加了讲故事的感觉，你们也可以试试。

推陈出新第二招：
运用"新"魔法，创设情节

可以设置新场景、遇到新麻烦、想出新办法、使用新工具、蕴含新启发……用上这些"新"魔法，相信你一定能创编出不错的新情节。

角色	《新龟兔赛跑》·新情节	
	河流挡道，撞上树桩，掉进陷阱（路遇不测） 跑反方向，这回比谁跑得慢（急中出错） 路过一片萝卜地，看到了水灵灵的萝卜（遇到诱惑） ……	新麻烦 新场景 新道具 ……
	新增了一段下坡路，乌龟头一缩迅速滚下（赛道变化） 借助滑板，利用宝葫芦（借助道具） ……	

推陈出新第三招：

细致刻画，铸就经典

　　新的情节除了有创意以外，还应该是合理的。不论是童话、寓言，还是神话传说，经典的故事总是能给人留下一些启示。我们来看看不马虎是怎么做的吧：

　　小乌龟慢吞吞地爬过游乐场，看见两头小象正在玩跷跷板。小乌龟心想：如果我和小象一起玩跷跷板，那我一定会……啊哈！真是象助龟也。于是，他急忙爬到小象身边说："象小弟，象小弟，请你助我一象之力，让我体会一下真正的速度与激情吧！"小象很高兴地答应了。

遇到什么情况？

怎么想的？

　　于是，小乌龟颤颤地爬上跷跷板的一头，头和四肢一缩，便成了一个球。小象对着跷跷板的另一头，重重地坐了下去。只听"嗖"的一声，小乌龟就飞了出去。接着又"嘭"的一声，正好砸到领奖台上。小乌龟伸出头来看看，高兴地笑了。

怎么做的？

结果怎么样？

新《龟兔赛跑》

苗云云

自从被乌龟打败后，兔子心里很不服气，逢人便说："上次要不是我大意，冠军就是我的了！"兔子越想越不服气，给乌龟下了一道挑战书，约定从五一路跑到五四路，谁先到谁就是胜利者。

这一次，他们请了黑猫警长做裁判。"砰！"一声枪响起，比赛拉开了序幕。

兔子这次吸取了教训，即使遇到红灯也没有停下。这不，兔子到了第一个十字路口，黄灯了。兔子心想：不管三七二十一，我先冲过去吧！便一下子冲到了对面。

过了一会儿，乌龟也顺利到达了第一个十字路口，也遇到了黄灯，可乌龟想：安全第一，万一过去，走到一半红灯了，被车撞了怎么办？还是等到下一个绿灯吧！

很快，兔子到了最后一个十字路口："怎么会是红灯呢！我可不能让那只乌龟再夺了冠军！"便用了吃奶的劲冲过去。可这一次很不凑巧，他被出来锻炼的跑步冠军——猎豹先生给撞了。由于速度太快了，兔子被撞出几十米远，倒在地上，陷入昏迷。

过了许久，乌龟经过兔子身边，吓了一大跳，急忙拨打了120，又惋惜地说了一句："这就是不遵守交通规则的下场！"

乌龟顺利地到达了终点，获得了冠军。发表获奖感言时，乌龟只说了一句："道路千万条，安全第一条！"

图书在版编目（CIP）数据

太好玩了！我们的写作课. 在观察中发现奥秘 / 何
捷主编；黄莺著. -- 北京：中国致公出版社，2022
ISBN 978-7-5145-1920 4

Ⅰ. ①太… Ⅱ. ①何… ②黄… Ⅲ. ①作文课－小学
－教学参考资料 Ⅳ. ①G624.243

中国版本图书馆CIP数据核字（2022）第055629号

太好玩了！我们的写作课. 在观察中发现奥秘 / 何捷 主编；黄莺 著
TAI HAOWAN LE!WOMEN DE XIEZUO KE.ZAI GUANCHA ZHONG FAXIAN AOMI

出　　版	中国致公出版社	
	（北京市朝阳区八里庄西里100号住邦2000大厦1号楼西区21层）	
出　　品	湖北知音动漫有限公司	
	（武汉市东湖路179号）	
发　　行	中国致公出版社（010-66121708）	
作品企划	知音动漫·文艺坊	
责任编辑	胡梦怡　柳　欣	
责任校对	吕冬钰	
装帧设计	郑雨薇	
责任印制	程　磊	
印　　刷	武汉精一佳印刷有限公司	
版　　次	2022年8月第1版	
印　　次	2022年8月第1次印刷	
开　　本	710 mm×1000 mm　1/16	
印　　张	8.25	
字　　数	100千字	
书　　号	ISBN 978-7-5145-1920-4	
定　　价	36.00元	